# 动力电池循环经济报告

组 编 中国汽车动力电池产业创新联盟

主 编 马小利 胡文慧 徐 冉 沈雪玲 于 冰

参 编 尹艳萍 高可心 黄友元 杨顺毅 黄 倩
王 聪 张宇平 黄良取 侯龙建 别传玉
张文静 刘 岩 刘义敏 余雅琨 吴晓然
庄卫东 孙学义 吴科齐 吴劲频 杨 震
肖力源 杨续来 丁海洋 张秋歌 郑羽轩
赵金秋

机械工业出版社
CHINA MACHINE PRESS

《动力电池循环经济报告》聚焦动力电池产业现状及需求规模预测、动力电池退役规模预测、动力电池资源需求预测、动力电池循环经济发展及资源平衡四个方面，通过汇总整理新能源汽车的统计数据，包括纯电动乘用车、纯电动客车、纯电动专用车、插电式混合动力乘用车、插电式混合动力客车、插电式混合动力专用车、燃料电池乘用车、燃料电池客车及燃料电池专用车几大分类，按照新能源汽车产业年复合增长规律，开展产业复合增长模型的研究，推导出新能源汽车由当前至2030年的发展预测，再根据车辆的发展预测模型，结合细分领域车型的带电量情况，研究并建立了动力电池由当前至2030年的复合增长模型，对动力电池的发展进行预测；对上游正极材料以及锂、镍、钴、锰关键金属开展需求量预测和研究，通过对标资源的储量、关键金属当年的供给量，判断当前至2030年我国动力电池产业循环发展的实际情况。

本书适合供职于动力电池、新能源汽车生产企业以及汽车行业管理部门、研究机构等的从业者阅读参考。

## 图书在版编目（CIP）数据

动力电池循环经济报告 / 中国汽车动力电池产业创新联盟组编；马小利等主编. — 北京：机械工业出版社，2024.1

ISBN 978-7-111-74771-0

Ⅰ.①动… Ⅱ.①中… ②马… Ⅲ.①电动汽车–电池–循环经济–研究报告–中国 Ⅳ.①F426.61

中国国家版本馆CIP数据核字（2024）第033658号

机械工业出版社（北京市百万庄大街22号　邮政编码100037）
策划编辑：母云红　　　　　　责任编辑：母云红　丁　锋
责任校对：龚思文　牟丽英　　封面设计：王　旭
责任印制：单爱军
北京虎彩文化传播有限公司印刷
2024年3月第1版第1次印刷
140mm×203mm·2印张·35千字
标准书号：ISBN 978-7-111-74771-0
定价：59.00元

电话服务　　　　　　　　　　网络服务
客服电话：010–88361066　　　机 工 官 网：www.cmpbook.com
　　　　　010–88379833　　　机 工 官 博：weibo.com/cmp1952
　　　　　010–68326294　　　金 书 网：www.golden-book.com
**封底无防伪标均为盗版**　　　机工教育服务网：www.cmpedu.com

## 联合编制机构及企业

工业和信息化部装备工业发展中心
国联汽车动力电池研究院有限责任公司
贝特瑞新材料集团股份有限公司
贝特瑞（江苏）新材料科技有限公司
北京安泰科信息股份有限公司
格林美股份有限公司
北京科技大学
武汉动力电池再生技术有限公司
武汉蔚能电池资产有限公司

## 评审专家

　　绿色低碳循环发展已成为全球共识，世界主要经济体普遍把发展循环经济作为破解资源环境约束，应对气候变化，培育经济新增长点的基本路径。美国、欧盟、日本等发达国家和组织已系统部署新一轮循环经济行动计划，加速循环经济发展布局，应对全球资源环境新挑战。"十四五"期间，我国着力构建以国内大循环为主体、国内国际双循环相互促进的新发展格局，建设超大规模的国内市场，资源能源需求仍将刚性增长；同时，我国一些主要资源对外依存度高，供需矛盾突出，发展循环经济、提高资源利用效率和再生资源利用水平的需求十分迫切，且空间巨大。

　　我国新能源汽车产业经过十余年的发展，产业体系不断完善，技术水平不断提升，国际竞争力显著增强，截至2022年，产销规模已连续八年位居全球第一，产业取得了非常显著的发展成效。在新能源汽车产业发展的带动下，动力电池产业也实现了高速增长，截至2022年年底，我国动力电池装车量已累计实现716.3GW·h，形成了全球最大的正极材料、负极材料、电解液、隔膜等关键材料的供应体系，制造和检测装备的国产化率不断提高，高"含金量"创新成果不断涌现，呈现出前所未有的创新发展强劲势头。在我国电动化发展热潮的引领下，全球各国均加大了对新能源汽车发展的重视程度。动力电池作为新能源汽车的核心部件之一，更成为未来各国新能源汽车产业竞争的关键所在，而动力电池的竞争，除了技术、成本的竞争之外，资源竞争也成为影响动力电池产业长期稳定可持续发展的重要因素。资源的竞争同样要解决供需矛盾、资源高效利用、降低对外依存等关键问题。

中国汽车动力电池产业创新联盟联合工业和信息化部装备工业发展中心、国联汽车动力电池研究院有限责任公司、贝特瑞新材料集团股份有限公司、贝特瑞（江苏）新材料科技有限公司、北京安泰科信息股份有限公司、格林美股份有限公司、北京科技大学、武汉动力电池再生技术有限公司、武汉蔚能电池资产有限公司共九家单位，聚焦动力电池产业现状及需求规模预测、动力电池退役规模预测、动力电池资源需求预测、动力电池循环经济发展及资源平衡四个方面，通过汇总整理新能源汽车的统计数据，包括纯电动乘用车、纯电动客车、纯电动专用车、插电式混合动力乘用车、插电式混合动力客车、插电式混合动力专用车、燃料电池乘用车、燃料电池客车及燃料电池专用车几大分类，按照新能源汽车产业年复合增长规律，开展产业复合增长模型的研究，推导出新能源汽车由当前至2030年的发展预测，再根据车辆的发展预测模型，结合细分领域车型的带电量情况，研究并建立了动力电池由当前至2030年的复合增长模型，对动力电池的发展进行预测，对上游正极材料以及锂、镍、钴、锰关键金属开展需求量预测和研究，通过对标资源的储量、关键金属当年的供给量，判断当前至2030年国内动力电池产业循环发展的实际情况。

本书涉及的研究课题于2022年8月正式启动，鉴于该课题数据量庞大，部分数据，例如上游矿产资源，因统计口径不同，数据之间有一定的出入，在数据核对、校正方面，课题组花费了大量的时间。另外，数据模型开发后，课题组通过采用过往几年的客观数据，以及与其他相关研究机构一些研究成果的比对，进一步验证了模型与实际情况的契合程度。尽管如此，因为产业发展速度快、产业波动受多重因素影响、其复杂程度较高，该课题的研究成果仍存在不完善之处，为了能让读者更清晰地了解研究成果，我们仅把最后获得的数据面向公众公开，供产业界、政府主管部门以及相关行业的企业参考。本书格式尽量去繁留简，主要以图和表的形式向大家展示相关数据，同时附有少量文字注解。本书有不足之处，敬请大家批评指正，也欢迎大家共同交流，一起修正。

　　特别感谢评审组董扬、许艳华、王子冬、秦兴才、肖成伟、徐爱东等专家的悉心指导，也感谢研究组尹艳萍、黄友元、杨顺毅、胡文慧、刘岩、黄倩、张宇平、黄良取、侯龙建、别传玉、张文静、杨续来、刘义敏、高可心等人的共同努力。

**马小利**

# 目录

动力电池循环经济报告

# 一、动力电池产业现状 及需求预测模型

## （一）动力电池产业现状

　　发展新能源汽车是我国从汽车大国迈向汽车强国的必由之路。随着全球环境污染、石油危机等问题的加重，全球各国都高度重视低污染且对石油依赖性较低的新能源汽车的发展。汽车电动化是发展趋势，世界各国纷纷发布了新能源汽车发展规划。2022 年全球新能源汽车销量约 1084 万辆，同比增长 69.4%，未来，新能源汽车将会成为发展趋势。

　　近年来，我国新能源汽车市场总体实现高速增长，自2022 年年底开始，新能源汽车市场进入由政策驱动转向市场驱动的发展阶段。据公安部统计，截至 2022 年年底，全国机动车保有量达 4.17 亿辆，其中汽车 3.19 亿辆、新能源汽车 1310 万辆。全国新能源汽车保有量占汽车总量的4.10%。其中，纯电动汽车保有量 1045 万辆，占新能源汽车总量的 79.78%。2022 年新注册登记新能源汽车 535 万辆，与 2021 年相比增加 249 万辆，增长 81.48%；新注册登记

新能源汽车数量从2018年的107万辆到2022年的535万辆，呈高速增长态势。

中国汽车工业协会统计数据显示，2022年我国新能源汽车产销分别完成705.8万辆和688.7万辆，同比分别增长96.9%和93.4%，全球占比为63.14%，连续8年保持全球第一（图1.1）。

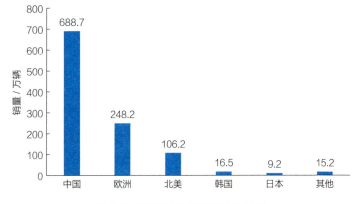

图 1.1　2022 年全球新能源汽车销量

动力电池作为新能源汽车的核心零部件，截至2022年年底，我国动力电池装车量累计达716.3GW·h，连续8年位居全球第一；2022年装车量共计294.6GW·h，同比增长90.7%（图1.2）。三元电池装车量为110.4GW·h，占总装车量的37.5%，同比增长48.6%；磷酸铁锂电池装车量为183.8GW·h，占总装车量的62.4%，同比增长130.2%。伴随着电力驱动系统向汽车、游轮、货船、轨道交通、农用机械及储能等领域拓展，我国动力电池产业近年来得到快速发展，综合实力显著增强。

图 1.2 2013—2022 年我国动力电池装车量及同比增长率

在产业链方面，我国已形成涵盖基础材料、单体电池、电池模组、制造装备的完整产业链。其中，正极材料全球市场份额超过 60%，负极材料全球市场占有率达到 90%（EVTank 数据），隔膜材料自主供给率超过 80%（鑫椤数据库），电解液全球市场占有率达到 80%（EVTank 数据）。同时，产业链的技术水平也在不断提高，动力电池技术水平快速提升，三元电池、磷酸铁锂电池的系统能量密度处于国际领先水平。

## （二）新能源汽车产销量预测模型

在"双碳"目标、节能减排政策、汽车行业转型升级

的驱动下，我国新能源汽车保有量逐年攀升。根据中国汽车工业协会数据统计，我国新能源汽车的销量由 2013 年的 1.8 万辆增长到 2022 年的 688.7 万辆（图 1.3）。2017年，在新能源汽车补贴和国家政策的支持下，我国新能源汽车快速发展，至 2022 年，复合年均增长率（CAGR）为54.71%。2022 年后，随着补贴政策的退坡、市场和宏观经济环境对新能源汽车产业的影响，年均增长率放缓。

图 1.3　2013—2022 年我国新能源汽车销量及增长率

注：数据来源于中国汽车工业协会。

　　我国汽车产业从 2001 年起，大致经历了两个增长阶段。第一个阶段是 2001—2013 年，经济处于高速增长阶段，汽车产业也呈现高增长；第二个阶段从 2014 年开始，产业逐步进入较为平稳有序的增长阶段，此阶段的复合年增长率为 2.3%（图 1.4）。按照这个数据建模，推算出至

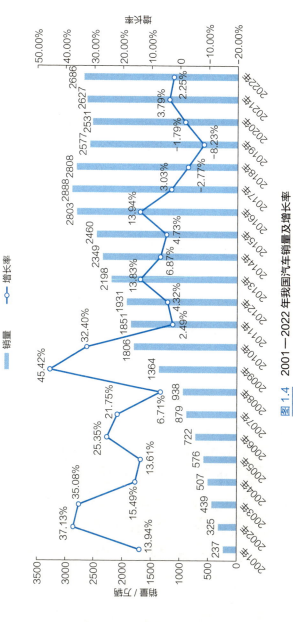

**图 1.4 2001—2022 年我国汽车销量及增长率**

注：数据来源于中国汽车工业协会。

2030 年当年我国汽车总产销量预计达到 3210.0 万辆规模。

我国汽车产业增长的显著阶段性特征，为研究新能源汽车产业发展规律提供了借鉴。本书涉及的课题研究组认为，新能源汽车产业在 2030 年之前也将大致经历两个增长阶段，第一个阶段是 2013—2026 年的高速增长阶段，第二个阶段则是 2026—2030 年的相对平稳的增长阶段。

第一阶段（2013—2026 年）的增长按照 2022—2023 年（补贴完全退坡）一年的增长率来预测至 2026 年逐年的发展情况，之所以用这一年的增长率来作为系数，主要是因为 2013—2022 年补贴政策引导作用大，其增长率不具备长期参考性。

第二阶段（2026—2030 年）的增长按照产业发展渗透率来推算，预计至 2030 年，我国新能源汽车渗透率将达到70%，推算 2030 年新能源汽车产销量规模可达到 2247.0 万辆。

基于以上假设，预计 2025 年和 2030 年，我国新能源汽车的产量分别为 1270.7 万辆和 2247.0 万辆；2030 年我国新能源乘用车、客车和专用车的产量分别达 2120.2 万辆、19.9万辆和 107.0 万辆（图 1.5）。我国新能源乘用车依然占据新能源汽车市场主体，贡献最大的增量空间；到 2030 年，纯电动乘用车、插电式混合动力乘用车和燃料电池乘用车产量分别为 1601.5 万辆、518.6 万辆和 0.1 万辆（表 1.1）。燃料电池的数据可能存在结果相对偏低的情况，但从整个动力电池的循环来看，燃料电池对测算数据整体影响不大。

表1.1 2023—2030年我国新能源汽车各车型产量预测

（单位：万辆）

| 车型 | 2023年 | 2024年 | 2025年 | 2026年 | 2027年 | 2028年 | 2029年 | 2030年 |
|---|---|---|---|---|---|---|---|---|
| 新能源汽车 | 844.7 | 1036.0 | 1270.7 | 1558.5 | 1707.8 | 1871.4 | 2050.6 | 2247.0 |
| 乘用车 | 797.0 | 977.5 | 1199.0 | 1470.6 | 1611.4 | 1765.7 | 1934.8 | 2120.2 |
| 纯电动乘用车 | 602.0 | 738.4 | 905.6 | 1110.8 | 1217.2 | 1333.7 | 1461.5 | 1601.5 |
| 插电式混合动力乘用车 | 195.0 | 239.1 | 293.3 | 359.7 | 394.2 | 431.9 | 473.3 | 518.6 |
| 燃料电池乘用车 | 0.0 | 0.0 | 0.0 | 0.1 | 0.1 | 0.1 | 0.1 | 0.1 |
| 客车 | 7.5 | 9.2 | 11.3 | 13.8 | 15.1 | 16.6 | 18.2 | 19.9 |
| 纯电动客车 | 7.1 | 8.7 | 10.7 | 13.1 | 14.3 | 15.7 | 17.2 | 18.9 |
| 插电式混合动力客车 | 0.2 | 0.3 | 0.3 | 0.4 | 0.5 | 0.5 | 0.5 | 0.6 |
| 燃料电池客车 | 0.2 | 0.2 | 0.3 | 0.3 | 0.3 | 0.4 | 0.4 | 0.5 |
| 专用车 | 40.2 | 49.3 | 60.5 | 74.2 | 81.3 | 89.1 | 97.6 | 107.0 |
| 纯电动专用车 | 39.3 | 48.2 | 59.1 | 72.5 | 79.4 | 87.0 | 95.4 | 104.5 |
| 插电式混合动力专用车 | 0.4 | 0.5 | 0.6 | 0.7 | 0.8 | 0.9 | 0.9 | 1.0 |
| 燃料电池专用车 | 0.5 | 0.7 | 0.8 | 1.0 | 1.1 | 1.2 | 1.3 | 1.4 |

图 1.5　2023—2030 年我国新能源汽车产量预测

## （三）动力电池需求量预测模型

### 1. 不同动力类型汽车的动力电池需求量预测

新能源汽车按照动力类型划分，可以分为纯电动乘用车、纯电动客车、纯电动专用车、插电式混合动力乘用车、插电式混合动力客车、插电式混合动力专用车、燃料电池乘用车、燃料电池客车和燃料电池专用车。根据 2013—2022 年各车型动力电池的装车量数据（表 1.2）计算，乘用车的装车量占比最高，2022 年为 88.67%。在乘用车中，纯电动乘用车的装车量占比 88.09%。考虑到乘用车、客车和专用车的应用场景对每辆车带电量的需求不同，本书参照 2022 年各车型的车辆数占比及其平均带电量，预测了 2023—2030 年

表1.2 2013—2022年我国各车型动力电池装车量情况

（单位：GW·h）

| 总装量/车型 | 2013年 | 2014年 | 2015年 | 2016年 | 2017年 | 2018年 | 2019年 | 2020年 | 2021年 | 2022年 |
|---|---|---|---|---|---|---|---|---|---|---|
| 总装车量 | 0.7 | 3.2 | 15.5 | 28.6 | 36.4 | 57.0 | 62.2 | 63.6 | 154.5 | 294.6 |
| 乘用车 | 0.2 | 0.9 | 4.2 | 9.3 | 13.7 | 33.1 | 42.2 | 47.3 | 132.2 | 261.2 |
| 纯电动乘用车 | 0.2 | 0.9 | 3.3 | 8.2 | 12.2 | 29.5 | 39.8 | 43.1 | 121.7 | 230.1 |
| 插电式混合动力乘用车 | 0.0 | 0.0 | 0.9 | 1.0 | 1.5 | 3.6 | 2.4 | 4.2 | 10.4 | 31.1 |
| 燃料电池乘用车 | 0.0 | 0.0 | 0.0 | 0.0 | 0.0 | 0.0 | 0.0 | 0.0 | 0.0 | 0.0 |
| 客车 | 0.4 | 2.2 | 9.5 | 16.1 | 14.3 | 17.3 | 14.6 | 12.1 | 9.9 | 11.6 |
| 纯电动客车 | 0.4 | 2.2 | 9.0 | 15.7 | 13.6 | 17.0 | 14.2 | 11.7 | 9.7 | 11.4 |
| 插电式混合动力客车 | 0.0 | 0.0 | 0.5 | 0.5 | 0.7 | 0.3 | 0.2 | 0.2 | 0.1 | 0.1 |
| 燃料电池客车 | 0.0 | 0.0 | 0.0 | 0.0 | 0.0 | 0.0 | 0.1 | 0.1 | 0.1 | 0.1 |
| 专用车 | 0.1 | 0.1 | 1.9 | 3.2 | 8.4 | 6.6 | 5.4 | 4.3 | 12.4 | 21.8 |
| 纯电动专用车 | 0.1 | 0.1 | 1.9 | 3.2 | 8.4 | 6.5 | 5.4 | 4.3 | 12.2 | 21.4 |
| 插电式混合动力专用车 | 0.0 | 0.0 | 0.0 | 0.0 | 0.0 | 0.0 | 0.0 | 0.0 | 0.1 | 0.1 |
| 燃料电池专用车 | 0.0 | 0.0 | 0.0 | 0.0 | 0.0 | 0.0 | 0.1 | 0.0 | 0.1 | 0.3 |

注：装车量小于0.05GW·h的数据在表中统一表现为0.0GW·h，这是有效位数限制和四舍五入造成的，此数据仅影响本表格的呈现效果，数据预测均参考实际装车量数据。

各车型动力电池的装车量（表 1.3），2025 年新能源汽车对动力电池的需求量达 590.4GW·h，其中乘用车、客车和专用车对动力电池的需求量分别为 523.4GW·h、23.2GW·h 和 43.7GW·h；2030 年新能源汽车对动力电池的需求量高达 1044.0GW·h，其中乘用车、客车和专用车对动力电池的需求量分别为 925.6GW·h、41.1GW·h 和 77.4GW·h。

## 2. 不同材料种类的动力电池需求量预测

按照材料种类划分，动力电池类型主要分为三元电池、磷酸铁锂电池、锰酸锂电池等。2018 年后，我国三元电池和磷酸铁锂电池合计市场占比超过 97%，2022 年三元电池装车量为 110.4GW·h，占总装车量的 37.5%，同比增长 48.6%；磷酸铁锂电池装车量为 183.8GW·h，占总装车量的 62.4%，同比增长 130.2%，市场集中度较高，呈三元电池和磷酸铁锂电池两极对垒的格局（表 1.4）。

在不同车型中，企业会根据车辆的使用场景选择合适材料种类的电池。在客车中，近五年来，仅有磷酸铁锂电池配套；磷酸铁锂电池在专用车中的占比快速上升，2022 年为 98.6%。短短五年，正极材料市场竞争格局发生两次反转，2017 年，国家将电池能量密度纳入参考指标，能量密度高的三元电池市场占有率在 2018 年首次超过磷酸铁锂电池，成为市场主导。随着新能源汽车补贴退坡和电池结构技术革新，磷酸铁锂电池重新受到市场青睐，市场份额在

表 1.3 2023—2030 年我国各车型动力电池装车量预测

| 总装车量 / 各车型装车量 | 2023 年 | 2024 年 | 2025 年 | 2026 年 | 2027 年 | 2028 年 | 2029 年 | 2030 年 |
|---|---|---|---|---|---|---|---|---|
| 总装车量 /GW·h | 392.5 | 481.4 | 590.4 | 724.1 | 793.5 | 869.5 | 952.8 | 1044.0 |
| 乘用车 /GW·h | 348.0 | 426.8 | 523.4 | 642.0 | 703.5 | 770.9 | 844.7 | 925.6 |
| 纯电动乘用车 /GW·h | 306.4 | 375.8 | 461.0 | 565.4 | 619.5 | 678.9 | 743.9 | 815.1 |
| 插电式混合动力乘用车 /GW·h | 41.5 | 50.9 | 62.5 | 76.6 | 84.0 | 92.0 | 100.8 | 110.5 |
| 燃料电池乘用车 /MW·h | 3.6 | 4.4 | 5.4 | 6.6 | 7.2 | 7.9 | 8.6 | 9.5 |
| 客车 /GW·h | 15.4 | 18.9 | 23.2 | 28.5 | 31.2 | 34.2 | 37.5 | 41.1 |
| 纯电动客车 /GW·h | 15.2 | 18.6 | 22.8 | 28.0 | 30.7 | 33.6 | 36.8 | 40.3 |
| 插电式混合动力客车 /GW·h | 0.1 | 0.1 | 0.2 | 0.2 | 0.2 | 0.2 | 0.2 | 0.3 |
| 燃料电池客车 /GW·h | 0.2 | 0.2 | 0.3 | 0.3 | 0.3 | 0.4 | 0.4 | 0.5 |
| 专用车 /GW·h | 29.1 | 35.7 | 43.7 | 53.7 | 58.8 | 64.4 | 70.6 | 77.4 |
| 纯电动专用车 /GW·h | 28.5 | 35.0 | 42.9 | 52.6 | 57.7 | 63.2 | 69.2 | 75.9 |
| 插电式混合动力专用车 /GW·h | 0.1 | 0.2 | 0.2 | 0.3 | 0.3 | 0.3 | 0.3 | 0.4 |
| 燃料电池专用车 /GW·h | 0.4 | 0.5 | 0.6 | 0.8 | 0.9 | 0.9 | 1.0 | 1.1 |

注：2023—2030 年动力电池装车量 = 平均带电量 × 新能源汽车产量，平均带电量为 2022 年各车型的平均带电量。

表1.4　2013—2022年我国三元电池和磷酸铁锂电池各车型装车量情况

（单位：GW·h）

| 电池类型/车型 | 2013年 | 2014年 | 2015年 | 2016年 | 2017年 | 2018年 | 2019年 | 2020年 | 2021年 | 2022年 |
|---|---|---|---|---|---|---|---|---|---|---|
| 三元电池 | 0.0 | 0.2 | 3.9 | 6.8 | 16.0 | 33.1 | 40.5 | 38.9 | 74.3 | 110.4 |
| 乘用车 | 0.0 | 0.2 | 1.7 | 5.1 | 10.4 | 29.9 | 39.6 | 38.5 | 74.1 | 110.1 |
| 客车 | 0.0 | 0.0 | 1.2 | 0.3 | 0.0 | 0.0 | 0.0 | 0.0 | 0.0 | 0.0 |
| 专用车 | 0.0 | 0.0 | 1.1 | 1.3 | 5.6 | 3.2 | 1.0 | 0.4 | 0.3 | 0.3 |
| 磷酸铁锂电池 | 0.6 | 2.9 | 10.7 | 20.4 | 18.0 | 22.2 | 20.2 | 24.4 | 79.8 | 183.8 |
| 乘用车 | 0.2 | 0.7 | 2.2 | 4.0 | 3.0 | 3.2 | 2.0 | 8.7 | 58.0 | 151.1 |
| 客车 | 0.4 | 2.1 | 7.9 | 14.8 | 12.9 | 16.1 | 13.8 | 11.8 | 9.7 | 11.3 |
| 专用车 | 0.0 | 0.1 | 0.7 | 1.6 | 2.1 | 3.0 | 4.4 | 3.9 | 12.1 | 21.4 |

注：装车量小于0.05GW·h数据在表中统一表现为0.0GW·h，这是有效位数限制和四舍五入造成的，此数据仅影响本表格的呈现效果，数据预测均参考实际装车量数据。

2021 年反超三元电池，且一直维持增长态势，至 2023 年第一季度达到 68%。如果三元材料克服成本较高和安全性较差的瓶颈，在未来竞争中依然占据竞争优势。因此，假设，在乘用车中三元电池与磷酸铁锂电池的比例为 40% 和 60%，客车中磷酸铁锂电池的比例为 100%，专用车中三元电池与磷酸铁锂电池的比例为 5% 和 95%，预测 2023—2030 年三元电池和磷酸铁锂电池的装车量见表 1.5。预计到 2025 年，新能源汽车用三元电池的需求量为 211.6GW·h，磷酸铁锂电池的需求量为 378.8GW·h；2030 年，三元电池的需求量为 374.1GW·h，磷酸铁锂电池的需求量为 669.9GW·h，其中，磷酸铁锂电池在乘用车、客车和专用车中的需求量分别为 555.4GW·h、41.1GW·h 和 73.5GW·h。

## （四）上游资源的需求量预测模型

结合上文关于 2023—2030 年我国新能源汽车动力电池需求量的预测，根据行业平均水平，假设动力电池的良品率为 93%，单位瓦时（W·h）电池中磷酸铁锂材料用量为 2.2g，中镍三元材料为 1.8g，高镍三元材料为 1.6g，中镍三元材料与高镍三元材料在三元材料中的市场份额占比为 7∶3，预测 2023—2030 年产业链上游用锂、镍、钴的需求量见表 1.6 和图 1.6。预计 2025 年车用动力电池对锂、镍

表 1.5　2023—2030 年我国三元电池和磷酸铁锂电池各车型装车量预测

（单位：GW·h）

| 电池类型/车型 | 2023年 | 2024年 | 2025年 | 2026年 | 2027年 | 2028年 | 2029年 | 2030年 |
|---|---|---|---|---|---|---|---|---|
| 三元电池 | 140.6 | 172.5 | 211.6 | 259.5 | 284.3 | 311.6 | 341.4 | 374.1 |
| 乘用车 | 139.2 | 170.7 | 209.4 | 256.8 | 281.4 | 308.4 | 337.9 | 370.2 |
| 客车 | 0.0 | 0.0 | 0.0 | 0.0 | 0.0 | 0.0 | 0.0 | 0.0 |
| 专用车 | 1.5 | 1.8 | 2.2 | 2.7 | 2.9 | 3.2 | 3.5 | 3.9 |
| 磷酸铁锂电池 | 251.8 | 308.9 | 378.8 | 464.7 | 509.2 | 557.9 | 611.4 | 669.9 |
| 乘用车 | 208.8 | 256.1 | 314.1 | 385.2 | 422.1 | 462.5 | 506.8 | 555.4 |
| 客车 | 15.4 | 18.9 | 23.2 | 28.5 | 31.2 | 34.2 | 37.5 | 41.1 |
| 专用车 | 27.6 | 33.9 | 41.6 | 51.0 | 55.9 | 61.2 | 67.1 | 73.5 |

注：1. 乘用车中三元电池：磷酸铁锂电池=40%：60%，客车中三元电池：磷酸铁锂电池=0%：100%，专用车中三元电池：磷酸铁锂电池=5%：95%。

2. 装车量小于0.05GW·h的数据在表中统一表现为0.0GW·h，这是有效位数限制和四舍五入造成的，此数据仅影响本表格的呈现效果，数据预测均参考实际装车量数据。

和钴的需求量分别为 15.5 万金属吨<sup>⊖</sup>、26.1 万金属吨和 6.4 万金属吨；2030 年锂、镍和钴的资源需求量分别上涨至 27.3 万金属吨、46.1 万金属吨和 11.4 万金属吨（表 1.6 和图 1.6 将万金属吨简写为万 t）。

表 1.6　2023—2030 年我国动力电池资源需求量预测

（单位 / 万 t）

| 项目 | 2023年 | 2024年 | 2025年 | 2026年 | 2027年 | 2028年 | 2029年 | 2030年 |
|---|---|---|---|---|---|---|---|---|
| 锂需求量 | 10.3 | 12.6 | 15.5 | 19.0 | 20.8 | 22.8 | 25.0 | 27.3 |
| 镍需求量 | 17.3 | 21.3 | 26.1 | 32.0 | 35.1 | 38.4 | 42.1 | 46.1 |
| 钴需求量 | 4.3 | 5.3 | 6.4 | 7.9 | 8.7 | 9.5 | 10.4 | 11.4 |

图 1.6　2023—2030 年我国动力电池资源需求量预测

---

⊖　金属吨即任何形式的含某种金属的产品中包含该种金属的质量，以吨为单位。

# 二、动力电池回收利用现状及退役量预测

## （一）动力电池回收利用现状

我国是新能源汽车最大的市场主体和生产主体，但上游原材料供应对外依存度高。澳大利亚为锂资源供应主体，占全球供应份额约 50%；印度尼西亚为镍产量王者，供应份额约占全球的 50%；非洲刚果金钴供给量约占全球的 73%。我国亟待解决所需资源不足的问题。

动力电池中含有大量可回收的高价值金属，对废旧动力电池进行回收利用可有效缓解镍、钴、锂等有价金属资源紧缺问题，且具备可观的经济效益。我国于 2013 年开始大规模推广应用新能源汽车，并于 2017 年进入新能源汽车爆发式增长阶段，而我国运营类新能源汽车动力电池的报废年限为 3~5 年，私人乘用车的动力电池报废周期为 5~8 年，2022 年前后是动力电池退役的高峰。此外，由于 2022 年动力电池装车量激增，预计将导致 2027 年前后电池报废量快速提升，对应的废旧动力电池回收利用市场空间很大。

新能源汽车动力电池退役后进入回收阶段，通常有两种处理方式：梯次利用和再生利用。当退役的动力电池剩余容量较高，整体能够满足适当修复后可直接投入到要求较低的电池领域进行二次使用的，称为梯次利用。新能源汽车动力电池退役后，一般仍有 70%~80% 的剩余容量，可降级再利用实现余能最大化。梯次利用电池在低速电动车、电动摩托车或储能系统中有巨大的应用潜力，其中，储能系统可分为风光储能、备用电源、削峰填谷等应用方向。储能系统可使用剩余容量在 20%~80% 范围内的梯次利用电池，可充分提高梯次利用的经济性。对于电池衰减严重、剩余价值较低、不满足梯次利用要求的废旧电池，可直接进入再生利用阶段，经过电池拆解、分选、冶炼等技术性处理后再利用，以实现资源的循环再利用。

为规范废旧动力电池的回收再利用，工业和信息化部正式公告了四批次《新能源汽车废旧动力蓄电池综合利用行业规范条件》企业名单。第四批符合《新能源汽车废旧动力蓄电池综合利用行业规范条件》的企业共有 41 家，其中梯次利用企业 26 家、再生利用企业 14 家、综合利用企业 1 家。变更公告名称的新能源汽车废旧动力电池综合利用行业的企业有 4 家。前四批累计公告符合《新能源汽车废旧动力蓄电池综合利用行业规范条件》的企业共计 84 家。从前四批累计来看，广东省、湖南省符合规范条件的企业数量全国领先，分别为 12 家和 11 家，其次是江西省，共 9

家，其中广东省符合梯次利用规范条件要求的企业占比较高，湖南省和江西省符合再生利用规范条件要求的企业占比较高。随着回收利用政策的逐步完善，未来，回收利用将会缓解资源短缺带来的压力。

## （二）新能源汽车退役量预测模型

　　早期的新能源汽车的使用寿命大致是 5~8 年，假设某年新生产的新能源汽车在第 5 年、第 6 年、第 7 年和第 8 年分别按照 10%、20%、50% 和 20% 占比退役。根据新能源汽车产量的现状及预测，预计 2025 年和 2030 年我国新能源汽车退役量分别为 113.5 万辆和 883.4 万辆，累计退役量分别为 321.9 万辆和 2366.1 万辆（图 2.1），预示着我国未来几年处于新能源汽车大规模退役阶段。

图 2.1　2023—2030 年我国新能源汽车退役量预测

# （三）动力电池退役量预测模型

按材料类型划分，预计 2025 年和 2030 年三元电池当年退役量分别为 31.7GW·h 和 148.1GW·h，磷酸铁锂电池的当年退役量分别为 21.2GW·h 和 262.3GW·h（图 2.2）。2025 年的三元电池退役规模略高于磷酸铁锂电池，主要是因为 2025 年退役的电池主要来源于 2017—2020 年，在这几年中，随着国家补贴逐渐向高能量密度和高续驶里程的产品倾斜，磷酸铁锂电池的市场份额快速下降，2017 年、2018 年和 2019 年的市场份额分别降低至 49.4%、39.0% 和 32.5%。磷酸铁锂电池在安全和成本方面具备显著优势，借助宁德时代 CTP<sup>⊖</sup> 和比亚迪刀片电

图 2.2　2023—2030 年我国三元电池和磷酸铁锂电池当年退役量预测

⊖ CTP（Cell to Pack）指直接将电芯集成在电池包上。

池等电池结构技术创新，磷酸铁锂电池续驶里程短的劣势得到弥补，其市场占有率在 2021 年实现反超，全年市场占有率为 51.7%。2022 年和 2023 年第一季度，磷酸铁锂电池延续了强势增长态势，市场占有率分别为 62.4% 和 68.2%。未来几年内，预计磷酸铁锂电池退役量规模更大，经测算，2025 年和 2030 年，三元电池累计退役量分别为 69.5GW·h 和 509.7GW·h，磷酸铁锂电池的累计退役量分别为 78.9GW·h 和 715.0GW·h（图 2.3）。

图 2.3　2023—2030 年我国三元电池和磷酸铁锂电池累计退役量预测

## （四）动力电池材料再生预测模型

三元正极材料中锂、镍和钴元素含量均高于金属原矿，我国锂、镍和钴元素呈现内需大、对外依赖度高的特征，因此，三元电池材料回收资源化利用是我国锂、镍、钴资源供给的重要补充。假设退役的动力电池全部再生利用，三元以中镍为主，预测2023—2030年的动力电池材料再生量见图2.4和表2.1（图2.4和表2.1中将万金属吨简写为万t）。2025年，我国退役动力电池锂、镍和钴的当年回收量分别为0.5万金属吨、2.0万金属吨和0.7万金属吨，对应的累计回收量分别为0.8万金属吨、4.5万金属吨和1.5万金属吨；2030年，动力电池锂、镍和钴的当年回收量分别为3.8万金属吨、9.5万金属吨和3.2万金属吨，累计回收量将分别达到5.6万金属吨、32.7万金属吨和10.9万金属吨。

图2.4 2023—2030年我国退役动力电池再生资源量预测

磷酸铁锂动力电池中含有约4.4%的锂元素，预计2025年我国退役磷酸铁锂电池的锂资源当年回收量和累计回收量分别为0.2万金属吨和0.6万金属吨，2030年将分别达到2.2万金属吨和5.9万金属吨。

表 2.1　2023—2030 年我国退役三元电池和磷酸铁锂电池再生资源量预测

| 预测项目 | 2023年 | 2024年 | 2025年 | 2026年 | 2027年 | 2028年 | 2029年 | 2030年 |
|---|---|---|---|---|---|---|---|---|
| 三元电池当年退役量/GW·h | 10.7 | 20.1 | 31.7 | 42.1 | 53.4 | 81.1 | 115.5 | 148.1 |
| 单位材料用量/（g·(W·h) ） | 1.8 | 1.8 | 1.8 | 1.8 | 1.8 | 1.8 | 1.8 | 1.8 |
| 三元材料用量/万 t | 1.9 | 3.6 | 5.7 | 7.6 | 9.6 | 14.6 | 20.8 | 26.7 |
| 锂回收量/万 t | 0.1 | 0.2 | 0.3 | 0.5 | 0.6 | 0.9 | 1.3 | 1.6 |
| 镍回收量/万 t | 0.7 | 1.3 | 2.0 | 2.7 | 3.4 | 5.2 | 7.4 | 9.5 |
| 钴回收量/万 t | 0.2 | 0.4 | 0.7 | 0.9 | 1.1 | 1.7 | 2.5 | 3.2 |
| 磷酸铁锂电池当年退役量/GW·h | 18.2 | 19.5 | 21.2 | 27.4 | 50.6 | 106.7 | 189.1 | 262.3 |
| 单位材料用量/（g·(W·h) ） | 2.2 | 2.2 | 2.2 | 2.2 | 2.2 | 2.2 | 2.2 | 2.2 |
| 磷酸铁锂电池材料用量/万 t | 3996.4 | 4300.2 | 4662.6 | 6031.2 | 11127.2 | 23480.5 | 41601.8 | 57712.4 |
| 锂回收量/万 t | 0.1 | 0.2 | 0.2 | 0.2 | 0.4 | 0.9 | 1.6 | 2.2 |

注：假设退役动力电池全部再生，三元电池全部按照 NCM622（$LiNi_{0.6}Mn_{0.2}Co_{0.2}O_2$）三元正极材料进行测算。

# 三、动力电池循环经济预测

## （一）上游资源供给现状

### 1. 钴资源的供给现状

　　钴在地壳中的含量、地壳丰度很低，且90%呈分散状态，难以形成独立的经济矿床，世界钴资源主要赋存于砂岩型铜矿床、岩浆型铜镍硫化矿床和风化型红土镍矿床中。砂岩型铜矿床主要分布在横跨刚果（金）南部和赞比亚西北部的中非铜矿带，是最大的钴资源，主产品是铜，副产品是钴，钴矿品位在0.18%~3%，可以露天开采。岩浆型铜镍硫化矿床主要分布在加拿大、俄罗斯和南非等国，这类矿床主产品是镍，副产铜和钴，钴品位介于0.05%~0.15%。受到镍产能限制，钴产量较为有限，单体矿山平均产量在2000~3000t/年。风化型红土镍矿床主要分布在澳大利亚、古巴、法属新喀里多尼亚、马达加斯加、巴布亚新几内亚和菲律宾等国，钴矿品位在0.02%~0.17%，主要位于地表，开采成本很低。

根据美国地质勘探局（United States Geological Survey，USGS）数据，2022 年，全球钴的陆地储量为 830 万金属吨，主要集中在刚果（金）、澳大利亚、印度尼西亚、古巴、菲律宾等国。刚果（金）储量最丰富，为 400 万金属吨，占比 48%，该国主要为高品位铜钴矿，且都是露天开采，具有很高的经济价值。澳大利亚储量为 150 万金属吨，以镍钴硫化矿为主。印度尼西亚和古巴储量分别为 60 万金属吨和 50 万金属吨，以红土矿床为主（表 3.1）。

表 3.1　2022 年全球钴资源分布情况

| 序号 | 国家 | 储量 / 万金属吨 | 占比（%） |
|---|---|---|---|
| 1 | 刚果（金） | 400 | 48 |
| 2 | 澳大利亚 | 150 | 18 |
| 3 | 印度尼西亚 | 60 | 7 |
| 4 | 古巴 | 50 | 6 |
| 5 | 菲律宾 | 26 | 3 |
| 6 | 俄罗斯 | 25 | 3 |
| 7 | 加拿大 | 22 | 3 |
| 8 | 中国 | 14 | 2 |
| 9 | 马达加斯加 | 10 | 1 |
| 10 | 其他 | 73 | 9 |
| | 全球合计 | 830 | 100 |

注：数据来源于 USGS。

我国钴资源禀赋差，钴矿开采潜力不足。我国钴资源储量小、富矿少、贫矿多，平均品位仅为 0.02%，且与其他金属共生和伴生，选矿工艺流程长，技术复杂。据自然资源部数据，截至 2021 年，我国钴资源储量为 13.86 万金属吨，其中甘肃省占比为 35.3%，青海省占比为 22.0%，吉林省占比为 9.2%（表 3.2）。

表 3.2　2021 年我国钴资源分布情况

| 序号 | 省/市/自治区 | 储量/万金属吨 | 占比（%） |
|---|---|---|---|
| 1 | 甘肃省 | 4.89 | 35.3 |
| 2 | 青海省 | 3.05 | 22.0 |
| 3 | 吉林省 | 1.28 | 9.2 |
| 4 | 内蒙古自治区 | 0.79 | 5.7 |
| 5 | 海南省 | 0.6 | 4.3 |
| 6 | 四川省 | 0.59 | 4.3 |
| 7 | 新疆维吾尔自治区 | 0.54 | 3.9 |
| 8 | 云南省 | 0.52 | 3.8 |
| 9 | 北京市 | 0.46 | 3.3 |
| 10 | 安徽省 | 0.41 | 3.0 |
| 11 | 其他 | 0.73 | 5.3 |
| | 国内合计 | 13.86 | 100 |

注：数据来源于《2021 年矿产资源报告》。

全球钴矿生产高度集中在刚果（金），2021 年，全球钴原料产量为 16.2 万金属吨，其中刚果（金）占比为 73%，澳大利亚占比为 3.6%，俄罗斯占比为 3.1%。主要生产企业包括嘉能可（GLENCORE）（19.4%）、洛阳钼业（11.4%）、欧亚资源（11.1%）、华友钴业（7.7%）等，排名前十的企

业产量占比为 76%。

我国具有可开采价值的钴矿主要是金川集团龙首镍钴矿和青海夏日哈木镍钴矿，两座矿山平均品位为 0.025%，年均开采规模在 2000 金属吨左右，增长潜力有限。

钴作为重要的战略金属，近年来，各国均高度重视钴资源的回收利用。我国锂电池回收业务走在世界前列，2017 年已实现产业化。目前，回收利用主要以锂离子电池材料为主，还有少量的硬质合金。2021 年通过回收利用获得的钴资源量为 2 万金属吨，回收原料主要来自退役动力电池，电池厂及正极材料厂的不合格品、边角料和报废的 3C 类产品<sup>⊖</sup>电池。回收工艺主要以湿法冶炼为主，主要产品为硫酸钴和氯化钴。

### 2. 镍资源的供给现状

全球镍矿资源丰富，分布广泛但不平衡。全球镍矿资源中，红土镍矿占比为 60%，硫化镍矿占比为 40%。此外，在海底的铁锰结核中也存在大量的镍资源，目前由于开采难度高，处于未开发状态。目前全球开发的镍矿为硫化物型和红土型。

红土型（或氧化物型）矿品位一般位于 1%~3% 区间，不能通过选矿富集，仅能用筛选抛弃风化较浅、品位低的

---

⊖ 3C 类产品指计算机（Computer）、通信（Communication）和消费（Consumer）类电子产品。

块矿。由于资源丰富、矿石储量大、采矿成本低、选冶工艺成熟等优势，红土镍矿具有优越的开发条件。红土镍矿主要见于印度尼西亚、菲律宾、巴西、古巴和法属新喀里多尼亚，这些矿床和矿山主要分布在南北回归线间的热带地区，近几十年来，这类矿床的产量稳步增加。硫化镍矿品位一般在 1% 左右，经过选矿后，精矿中镍的品位保持在 6%~12%，此外，精矿中含有 6%~10% 的铜、钴等有价金属以及一定量的贵金属。硫化镍矿主要分布在俄罗斯、加拿大、澳大利亚、南非和中国。

全球硫化镍矿经过几十年的长期开采，新资源勘探并没有重大突破，仍以原有的几个镍矿为主，如加拿大的萨德伯里、林莱克 - 汤普森、俄罗斯的诺里尔斯克、澳大利亚的坎博尔达、中国的金川和南非的吕斯腾堡。未来，硫化镍矿有一定的资源危机，硫化镍矿相对于红土镍矿，开发便利性及经济性并不占优，预计硫化镍矿开发在结构中占比或继续下降。新发现的特大型硫化镍矿床有加拿大伏伊希湾镍矿床和我国青海省的夏日哈木镍钴矿，其他都是红土镍矿。

根据 USGS 数据，2022 年，全球镍矿资源储量为10207 万金属吨，其中，印度尼西亚和澳大利亚是全球镍矿储量最高的国家，镍矿储量均为 2100 万金属吨，均占全球储量的约 21.95%。巴西镍矿储量为 1600 万金属吨，占全球储量的比例约为 16.72%。俄罗斯镍矿储量为 750 万金属

吨，占全球储量的比例约为 7.84%。菲律宾镍矿储量为 480 万金属吨，占全球储量的比例约为 5.02%（表 3.3）。

表 3.3 2022 年全球镍资源分布情况

| 序号 | 国家或地区 | 储量／万金属吨 | 占比（%） |
|---|---|---|---|
| 1 | 印度尼西亚 | 2100 | 21.95 |
| 2 | 澳大利亚 | 2100 | 21.95 |
| 3 | 巴西 | 1600 | 16.72 |
| 4 | 俄罗斯 | 750 | 7.84 |
| 5 | 菲律宾 | 480 | 5.02 |
| 6 | 加拿大 | 220 | 2.30 |
| 7 | 中国 | 210 | 2.19 |
| 8 | 法属新喀里多尼亚 | 71 | 0.74 |
| 9 | 美国 | 37 | 0.39 |
| 10 | 其他 | 2000 | 20.90 |
| | 全球合计 | 9568 | 100 |

注：数据来源于 USGS。由于 USGS（表 3.3）与自然资源部（表 3.4）关于镍矿统计口径的差异，造成镍矿储量数据有一定程度的出入，为保证本书数据口径的一致性，在后续"动力电池循环经济预测模型"一节中关于镍资源循环平衡的测算数据采用 USGS 数据。

我国镍矿以硫化镍矿为主（约占 90%），主要为硫化铜镍矿。据自然资源部数据，2021 年我国镍矿储量为 422.04 万金属吨，主要集中在甘肃省（约 60%）、青海省（约 21%）和云南省（约 6%），见表 3.4。目前，我国具有开采经济价值的镍矿资源有限，主要有金川镍矿在开采，镍品位略高于 1%；待开发的镍矿主要是夏日哈木镍钴矿，镍品位仅 0.68%，开发潜力不足。

表 3.4　2021 年我国镍资源分布情况

| 序号 | 省/自治区 | 储量/万金属吨 | 占比（%） |
|------|-----------|--------------|----------|
| 1 | 甘肃省 | 252.54 | 59.84 |
| 2 | 青海省 | 88.38 | 20.94 |
| 3 | 云南省 | 25.90 | 6.14 |
| 4 | 新疆维吾尔自治区 | 22.08 | 5.23 |
| 5 | 四川省 | 11.65 | 2.76 |
| 6 | 陕西省 | 7.94 | 1.88 |
| 7 | 贵州省 | 5.18 | 1.23 |
| 8 | 吉林省 | 4.28 | 1.01 |
| 9 | 内蒙古自治区 | 3.45 | 0.82 |
| 10 | 湖南省 | 0.32 | 0.08 |
| 11 | 其他 | 0.32 | 0.08 |
| | 国内合计 | 422.04 | 100 |

注：数据来源于《2021 年全国矿产资源储量统计表》。

据国际镍研究小组（International Nickel Study Group，INSG）数据，2022 年，全球镍矿产量为 321.1 万金属吨，主要集中在印度尼西亚（49%）、菲律宾（11%）、俄罗斯（7%）和法属新喀里多尼亚（6%）。全球镍矿产量 60% 以上是红土镍矿，且分布较分散、企业众多，集中度相对较低，主要企业包括诺里尔斯克镍业、巴西淡水河谷、安塔姆、嘉能可等企业，排名前十的企业产量占比仅为 38.3%。

近年来，我国镍矿生产比较稳定，产量基本维持在

10.5 万金属吨左右，根据中国有色金属工业协会数据，2022年我国镍矿产量为 10.94 万 t，由甘肃金川集团（90.7%）、新疆有色金属工业集团（9.3%）两家企业完成。2022 年末，青海夏日哈木镍矿投入运营，设计年产镍精矿 30 万 t，2023 年我国镍矿产量将会有所增长。

镍回收利用主要以不锈钢回收和动力电池回收为主。动力电池回收方面，镍回收主要包括电池废料、合金废料、黄渣等，主要采用湿法萃取与矿产原料共线生产硫酸镍，年回收约 4 万 t。不锈钢方面以一次废料回收为主，目前我国不锈钢生产原料中，废不锈钢占比仅为 22%。

### 3. 锂资源的供给现状

全球锂资源主要有三种形式：封闭盆地内的盐湖卤水锂矿、伟晶岩型的硬岩锂矿（包括锂辉石、锂云母等）和沉积岩型的黏土锂矿，分别占全球锂资源总量的 58%、26% 和 7%，其余类型主要包括油井卤水锂、地热卤水锂等。目前，实际得到商业开采的主要是盐湖卤水锂矿与硬岩锂矿，未来 3~5 年，全球部分高品位的黏土锂矿有望加入供给阵营，而针对油井卤水、地热卤水重副产锂资源的综合利用开发也正在进行中。

全球锂资源丰度颇高但分布不均，主要分布在南美锂三角（玻利维亚、智利、阿根廷）、澳大利亚、美国、中国等地。据 USGS 数据，2022 年全球锂资源储量为 1.38 亿 t

碳酸锂当量（Lithium Carbonate Equivalent，LCE）。其中，智利储量为 4948 万 t LCE 当量，占比 35.8%；其次为澳大利亚，储量为 3298 万 t LCE 当量，占比 23.8%；我国储量为 1064 万 t LCE 当量，占比 7.7%（表 3.5）。

表 3.5　2022 年全球锂资源分布情况

| 序号 | 国家 | 储量 / 万 t LCE 当量 | 占比（%） | 资源类型 |
|------|------|--------------------|-----------|----------|
| 1 | 智利 | 4948 | 35.8 | 盐湖 |
| 2 | 澳大利亚 | 3298 | 23.8 | 硬岩 |
| 3 | 阿根廷 | 1436 | 10.4 | 盐湖 |
| 4 | 中国 | 1064 | 7.7 | 硬岩 + 盐湖 |
| 5 | 美国 | 532 | 3.8 | 盐湖 + 黏土 |
| 6 | 加拿大 | 495 | 3.6 | 硬岩 |
| 7 | 津巴布韦 | 165 | 1.2 | 硬岩 |
| 8 | 巴西 | 133 | 1.0 | 硬岩 |
| 9 | 葡萄牙 | 32 | 0.2 | 硬岩 |
| 10 | 其他 | 1756 | 12.7 | — |
| | 全球合计 | 13859 | 100 | — |

注：数据来源于 USGS、安泰科。

据自然资源部数据，2022 年我国锂储量为 999.6 万 t LCE 当量，我国的锂资源主要有盐湖型、锂云母、锂辉石等，主要分布于青海、四川、西藏和江西等地，合计查明储量占全国的 99.5%。其中，青海和西藏以盐湖型为主，四川和江西则以硬岩型为主（表 3.6）。

表 3.6　2022 年我国锂资源分布情况

| 序号 | 省/自治区 | 储量（氧化锂）/万 t | 为碳酸锂当量/万 t | 占比（%） | 资源类型 |
|---|---|---|---|---|---|
| 1 | 青海省 | 190.5 | 470.5 | 47.1 | 盐湖 |
| 2 | 四川省 | 117.8 | 291.0 | 29.1 | 锂辉石 |
| 3 | 西藏自治区 | 57.2 | 141.3 | 14.1 | 盐湖 |
| 4 | 江西省 | 37.4 | 92.4 | 9.2 | 锂云母 |
| 5 | 河南省 | 1.2 | 2.9 | 0.3 | 锂云母 |
| 6 | 新疆维吾尔自治区 | 0.6 | 1.5 | 0.2 | 锂辉石 |
| | 国内合计 | 404.7 | 999.6 | 100 | — |

注：数据来源于《2021 年矿产资源报告》。

　　全球锂资源高度集中，产量排名前五的国家合计产量占全球产量的比例为 99% 以上，以 2022 年为例，全球原生锂资源端产量为 79.8 万 t LCE 当量，其中，澳大利亚占比为 41%，中国占比为 26%，智利占比为 25%，阿根廷占比为 5%，其他国家占比为 3%。随着各国加大锂资源的开发力度，未来产量排名前五国家的占比仍会保持 95% 以上。

　　在开采的原生锂资源中，以锂辉石和盐湖卤水为主，占比分别为 45.8% 和 41.8%，锂云母和其他硬岩类锂矿占比为 12.5%。全球锂矿（含卤水）生产集中度较高，主要集中于 Talison、SQM、MRL、ALB、Allkem 等企业。2022 年，全球排名前五的锂矿企业产量约为 46.8 万 t LCE 当量，占全球产量的 58.7% 左右。

我国锂资源回收产业初具规模，从 2015 年开始研究锂电池回收提锂技术，2017 年实现产业化，2022 年，我国通过二次回收提锂产能达到 10 万 t LCE 当量，回收利用锂产量为 4.9 万 t LCE 当量。回收原料来源包括退役动力电池，电池厂及正极厂废料、边角料，消费类电子产品电池。因锂电池的大规模应用时间较晚，前期锂电池报废数量较少，目前以手机中的小型锂离子电池为主，未来退役动力电池将是主要供应来源。正极厂和电池厂产生的废料量在 2021 年有明显提升，主要是因为正极厂和电池厂新增产能投放多，产生的废料随之增加。回收产品有粗制磷酸锂、粗制碳酸锂、硫酸锂等，该部分原料主要出售给锂盐生产企业进一步加工成电池级锂盐或者六氟磷酸锂。

## （二）动力电池循环经济预测模型

### 1. 钴资源的循环平衡预测

从供应端来看，我国钴矿资源开采潜力有限。但随着我国动力电池报废周期的到来，钴资源回收产能持续释放，二次回收利用具有很大潜力。预计到 2025 年，退役动力电池钴回收量将达到 0.7 万金属吨，2030 年钴回收量达 3.2 万金属吨。钴资源的循环平衡等于我国钴矿供应加上我国退役动力电池钴回收量减去我国动力电池钴需求量，从表 3.7 可以看出，尽管我国钴资源的总体储量能满足车用动力电

池的使用需求，但因为开采不足，当年供应量和回收量总和不满足车用动力电池需求，钴资源对外依存度大。但随着高镍路线的逐步发展、低钴化无钴化技术路线的发展以及安全技术的提升，钴的对外依存度也会随低钴无钴技术成熟逐步降低。

表3.7　2021—2030年我国动力电池再生钴资源循环平衡情况及预测　　（单位：万金属吨）

| 项目 | 2021年 | 2022年 | 2023年 | 2024年 | 2025年 | 2030年 |
|---|---|---|---|---|---|---|
| 钴储量 | 14 | 14 | 14 | 14 | 14 | 14 |
| 钴矿供应量 | 0.2 | 0.2 | 0.3 | 0.3 | 0.3 | 0.3 |
| 退役动力电池钴回收量 | 0.1 | 0.1 | 0.2 | 0.4 | 0.7 | 3.2 |
| 动力电池钴需求量 | 2.3 | 3.4 | 4.3 | 5.3 | 6.4 | 11.4 |
| 钴循环平衡 | −2.0 | −3.1 | −3.8 | −4.5 | −5.5 | −7.9 |

注：数据来源于 USGS、安泰科、中国汽车动力电池产业创新联盟。

## 2. 镍资源的循环平衡预测

从车用动力电池维度来看，镍资源的循环平衡等于我国镍产量加上我国退役动力电池镍回收量减去我国动力电池镍需求量。2021年，我国车用动力电池镍资源回收量为0.1万金属吨，随着我国动力电池报废周期的到来，镍资源回收产能持续释放。预计到2025年，我国车用动力电池镍回收量将达到2.0万金属吨，2030年镍回收量将达到9.5万金属吨（表 3.8）。我国镍资源总体呈现储量丰富但产量较低的特点，镍资源在未来几年处于供给短缺的状态，资源缺口在 2030 年达到 18.6 万金属吨，镍资源对外依赖强，存在一定的供应风险。2023—2030 年，镍再生资源占当年供应量的比例将由 4.7% 提升至 34.5%，由此可见，动力电池循环经济将在降低供应链的安全风险和我国镍资源循环经济中发挥重要作用。

表 3.8　2021—2030 年我国动力电池再生镍

资源循环平衡情况及预测　　（单位：万金属吨）

| 项目 | 2021 年 | 2022 年 | 2023 年 | 2024 年 | 2025 年 | 2030 年 |
|---|---|---|---|---|---|---|
| 镍矿储量 | 210 | 210 | 210 | 210 | 210 | 210 |
| 原生镍产量 | 10.4 | 12.0 | 14.0 | 15.5 | 15.5 | 18.0 |
| 退役动力电池镍回收量 | 0.1 | 0.3 | 0.7 | 1.3 | 2.0 | 9.5 |
| 动力电池镍需求量 | 9.2 | 13.6 | 17.3 | 21.3 | 26.1 | 46.1 |
| 镍循环平衡 | 1.3 | −1.3 | −2.7 | −4.5 | −8.6 | −18.6 |

注：数据来源于 USGS、安泰科、中国汽车动力电池产业创新联盟。

## 3. 锂资源的循环平衡预测

根据我国锂资源的分布和目前资源开发的情况，在极端状态下，四川锂辉石、西藏盐湖、江西锂云母、回收领域仍有潜力。随着二次回收提锂产能逐渐释放，预计到 2025 年，动力电池回收锂产量为 0.5 万金属吨，再生锂资

源原料占比 1.0%。2030 年，动力电池回收锂产量达 3.8 万金属吨，再生资源原料占比达 8.1%（表 3.9），锂资源储量基本满足我国新能源汽车市场发展内需。另外，钠电池等低资源依赖性的新体系电池正在快速开发阶段，预计至2030 年，通过此类电池在终端的配套，也可以一定程度降低产业对锂资源的依赖。总体来看，通过建立稳定的资源保障体系可以实现锂资源的供应稳定。

表 3.9　2021—2030 年我国动力电池再生
锂资源循环平衡预测　　　（单位：万金属吨）

| 项目 | 2021 年 | 2022 年 | 2023 年 | 2024 年 | 2025 年 | 2030 年 |
|---|---|---|---|---|---|---|
| 锂矿储量 | 200 | 200 | 200 | 200 | 200 | 200 |
| 原生锂盐产量 | 7.9 | 11.1 | 14.3 | 18.5 | 22.1 | 43.3 |
| 退役动力电池锂回收量 | 0.1 | 0.2 | 0.3 | 0.4 | 0.5 | 3.8 |
| 动力电池锂需求量 | 3.9 | 7.7 | 10.3 | 12.6 | 15.5 | 27.3 |
| 锂循环平衡 | 4.0 | 3.5 | 4.3 | 6.3 | 7.1 | 19.7 |

注：数据来源于 USGS、安泰科、中国汽车动力电池产业创新联盟。

# 四、动力电池循环发展建议

## （一）动力电池循环发展存在的问题

废旧动力电池回收利用主要存在以下几方面问题。

一是政策法规支撑体系不完善。目前，工业和信息化部等多部门虽已颁布一些规章、技术规范和标准等，但并不具有强制性的法律效力，对企业的约束力尚显不足；回收利用技术研发、财税激励等支持政策仍待健全。就环境保护方面，生态环境部门也发布了关于污染控制技术的相关规范，但适用对象、管理范围相对有限，在指导和规范废旧动力电池回收、利用、处置过程的污染防治和环境管理方面亟待出台新的更为具体的政策法规。

二是技术装备水平不足。目前动力电池有各种形态、尺寸、规格、封装形式、设计工艺和串并联成组形式，以及多样化的服役时间、应用车型和使用工况等诸多因素，使得拆解时涉及多种封装夹具，电池包和模组的拆解流水线无法规模化地复制使用，导致电池拆解极为不便，并且

我国电池包拆解主要依靠人工拆解，机械化、智能化水平较低，工人的技能水平直接影响电池拆解过程和效率。

三是上游原材料价格波动大。受电池需求量的影响，上游原材料的价格波动大，其中以锂资源的波动最为明显。2022 年年初，碳酸锂价格已从 2021 年的 5.3 万元 /t 上涨至 30.2 万元 /t，涨幅 469.8%；同年 10 月价格最高涨至 62 万元 /t。上游原材料涨价压力传导至下游汽车企业，导致车价上涨。随着供需关系的缓解，2023 年年初，碳酸锂价格降至 10 万元 /t 以下，从 2023 年 4 月开始，汽车和电池生产企业的库存逐渐消耗，需求量逐步恢复，碳酸锂价格逐渐涨至 30 万元 /t。上游原材料价格的波动对下游动力电池和汽车生产企业在降低成本方面带来了压力。

## （二）动力电池循环发展建议

随着动力电池产业的发展以及动力电池回收量的不断增加，未来在动力电池的回收利用方面有以下建议。

一是完善动力电池回收利用制度和体系建设。完善《动力电池回收利用管理办法》，通过立法手段确保回收渠道，保障动力电池规范回流；进一步完善新能源汽车动力电池回收利用管理制度，建议由新能源汽车企业和动力电池企业共同作为回收利用第一责任主体，并研究将动力电池回收利用纳入汽车双积分评价机制内；进一步加强回收网点建设和示范，严厉打击"小、散、乱"等行业乱象，加大环保、安全管理力度，逐步取缔"黑作坊"，形成高效的回收生态。

二是加大我国关键原材料资源的统筹规划。建议将动力电池产业作为大产业看待，把锂、钴、镍等资源纳入国家大宗期货交易目录，通过期货涨跌预期调整，保障关键上游原材料价格稳定；把动力电池关键原材料作为国家战略性资源统筹布局，与钴、锂等资源保有量充裕的国家，例如南非、澳大利亚等，利用外交合作手段统筹部署资源全面合作；加大政策支持力度，鼓励企业加快开展国外矿产资源的收购、并购。

三是加大资源开采力度及关键原料的回收利用效率。加大我国资源的勘探和开采力度，同时，加快推动本土企业对国外资源的战略投资、收购或并购；强化动力电池溯源管理，规范电池回收渠道，提高退役电池回收率，提升资源绿色循环；强调设计环节电芯产品的可拆解性，提倡易制造可回收的设计理念，持续改进电芯拆解再生利用的生产工艺，倡导低能耗低污染的工艺技术路线，提高材料回收率，以回收端反哺生产端，降低关键材料供应压力。

四是重视前端产品标准并加大新型装备开发力度。电芯规格尺寸不一是导致目前回收利用效率低下的一个很重要的原因，标准化程度低导致退役电芯拆解自动化程度低，效率低下，需要进一步提升电芯规格尺寸的集中度，不仅提升产业总体的制造效率，还能更好地保障回收环节高效运行；进

一步加大回收装备的开发力度，包括智能拆解装备、退役电芯的自动分选装备等，通过装备的自动化提升回收效率。

五是加快开展动力电池循环发展碳法规研究。重视动力电池全产业链的碳排放和碳管理，加快开展单体动力电池、正极材料、负极材料、电解液、隔膜产品碳排放的核算标准研究，开展动力电池关键原材料、上游矿产资源材料的碳核算标准研究，开展动力电池从退役到再生利用碳核算的标准研究，形成全行业统一的全生命周期碳核算标准共识；加快碳管理与国际接轨，形成国际互认，助力我国动力电池产品出口。

# 五、附录

## 附录 A  2012—2022 年我国动力电池回收行业重点政策

| 发布时间 | 发布部门 | 政策名称 | 相关内容 |
|---|---|---|---|
| 2012 年 6 月 | 国务院 | 《节能与新能源汽车利用产业发展规划（2012—2020 年）》 | 制定动力电池回收利用管理办法，建立动力电池梯级利用和回收管理体系，明确各相关方的责任、权利和义务。引导动力电池生产企业加强对废旧电池的回收利用，鼓励发展专业化的电池回收利用企业。严格设定动力电池回收利用企业的准入条件，明确动力电池收集、存储、运输、处理、再生利用及最终处置等各环节的技术标准和管理要求。加强监管，督促相关企业提高技术水平，严格落实各项环保规定，严防重金属污染 |

（续）

| 发布时间 | 发布部门 | 政策名称 | 相关内容 |
|---|---|---|---|
| 2014 年 7 月 | 国务院办公厅 | 《关于加快新能源汽车推广应用的指导意见》 | 进一步放宽市场准入，鼓励和支持社会资本进入新能源汽车充电设施建设和运营、整车租赁、电池租赁和回收等服务领域。研究制定动力电池回收利用政策，探索利用基金、押金、强制回收等方式促进废旧动力电池回收，建立健全废旧动力电池循环利用体系 |
| 2016 年 1 月 | 国家发展和改革委员会、工业和信息化部、环境保护部、商务部、质检总局 | 《电动汽车动力蓄电池回收利用技术政策（2015 年版）》 | 国家支持动力蓄电池生产企业或具备相应技术条件的再生利用企业开展废旧动力蓄电池梯级利用 |
| 2016 年 2 月 | 工业和信息化部 | 《新能源汽车废旧动力蓄电池综合利用行业规范条件》 | 废旧动力蓄电池综合利用企业应严格按照相关国家、行业标准进行废旧动力蓄电池拆卸、储存、拆解、检测和再生利用等，并积极参与废旧动力蓄电池回收利用标准体系的研究制定和实施工作 |
| 2016 年 12 月 | 工业和信息化部、商务部、科学技术部 | 《关于加快推进再生资源产业发展的指导意见》 | 重点围绕京津冀、长三角、珠三角等新能源汽车发展集聚区域，选择若干城市开展新能源汽车动力蓄电池回收利用试点示范，通过物联网、大数据等信息化手段，建立可追溯管理系统，支持建立普适性强、经济性好的回收利用模式，开展梯级利用和再利用技术研究、产品开发及示范应用 |

（续）

| 发布时间 | 发布部门 | 政策名称 | 相关内容 |
|---|---|---|---|
| 2017年1月 | 工业和信息化部 | 《新能源汽车生产企业及产品准入管理规定》 | 新能源汽车生产企业应当在产品全生命周期内，为每一辆新能源汽车产品建立档案，跟踪记录汽车使用、维护、维修情况，实施新能源汽车动力电池溯源信息管理，跟踪记录动力电池回收利用情况 |
| 2017年2月 | 工业和信息化部、国家发展和改革委员会、科学技术部、财政部 | 《促进汽车动力电池产业发展行动方案》 | 适时发布实施动力电池回收利用管理办法，强化企业在动力电池生产、使用、回收、再利用等环节的主体责任，逐步建立完善动力电池回收利用管理体系 |
| 2017年4月 | 工业和信息化部、国家发展和改革委员会、科学技术部 | 《汽车产业中长期发展规划》 | 逐步扩大汽车零部件再制造范围，提高回收利用效率和效益。落实生产者责任延伸制度，制定动力电池回收利用管理办法，推进动力电池梯级利用 |
| 2018年1月 | 工业和信息化部、科学技术部、环境保护部、交通运输部、商务部、国家质量监督检验检疫总局、国家能源局 | 新能源汽车动力蓄电池回收利用管理暂行办法 | 鼓励电池生产企业与综合利用企业合作，在保证安全可控的前提下，按照先梯次利用后再生利用原则，对废旧动力蓄电池开展多层次、多用途的合理利用，降低综合能耗，提高能源利用效率，提升综合利用水平与经济效益，并保障不可利用残余物的环保处置 |

（续）

| 发布时间 | 发布部门 | 政策名称 | 相关内容 |
|---|---|---|---|
| 2018年7月 | 工业和信息化部、科学技术部、生态环境部、交通运输部、商务部、国家市场监督管理总局、国家能源局 | 《关于做好新能源汽车动力蓄电池回收利用试点工作的通知》 | 统筹推进回收利用体系建设。推动汽车生产企业落实生产者责任延伸制度，建立回收服务网点，充分发挥现有售后服务渠道优势，与电池生产、报废汽车回收拆解及综合利用企业合作构建区域化回收利用体系。做好动力蓄电池回收利用相关信息公开，采取回购、以旧换新等措施促进动力蓄电池回收 |
| 2018年7月 | 工业和信息化部 | 《新能源汽车动力蓄电池回收利用溯源管理暂行规定》 | 建立"新能源汽车国家监测与动力蓄电池回收利用溯源综合管理平台"（以下简称溯源管理平台），对动力蓄电池生产、销售、使用、报废、回收、利用等全过程进行信息采集，对各环节主体履行回收利用责任情况实施监测 |
| 2019年10月 | 工业和信息化部 | 《新能源汽车动力蓄电池回收服务网点建设和运营指南》 | 提出了新能源汽车废旧动力蓄电池以及报废的梯次利用电池回收服务网点建设、作业以及安全环保要求 |
| 2019年12月 | 工业和信息化部 | 《新能源汽车废旧动力蓄电池综合利用行业规范条件（2019年本）》《新能源汽车废旧动力蓄电池综合利用行业规范公告管理暂行办法（2019年本）》 | 加强新能源汽车废旧动力蓄电池综合利用行业管理，提高废旧动力蓄电池综合利用水平 |

（续）

| 发布时间 | 发布部门 | 政策名称 | 相关内容 |
|---|---|---|---|
| 2020年7月 | 工业和信息化部 | 《京津冀及周边地区工业资源综合利用产业协同转型提升计划（2020—2022年）》 | 加快退役动力电池回收利用。京津冀及周边地区是我国新能源汽车推广应用规模最大的区域，充分发挥骨干企业、科研机构、行业平台及第三方机构等方面优势，加强区域互补，统筹推进区域回收利用体系建设。推动山西、山东、河北、河南、内蒙古在储能、通信基站备电等领域建设梯次利用典型示范项目。支持动力电池资源化利用项目建设，全面提升区域退役动力电池回收处理能力 |
| 2020年10月 | 国务院办公厅 | 《新能源汽车产业发展规划（2021—2035年）》 | 推动动力电池全价值链发展。完善动力电池回收、梯级利用和再资源化的循环利用体系，鼓励共建共用回收渠道。建立健全动力电池运输仓储、维修保养、安全检验、退役退出、回收利用等环节管理制度，加强全生命周期监管 |
| 2021年8月 | 工业和信息化部、科学技术部、生态环境部、商务部、国家市场监督管理总局 | 《新能源汽车动力蓄电池梯次利用管理办法》 | 鼓励梯次利用企业与新能源汽车生产、动力蓄电池生产及报废机动车回收拆解等企业协议合作，加强信息共享，利用已有回收渠道，高效回收废旧动力蓄电池用于梯次利用。鼓励动力蓄电池生产企业参与废旧动力蓄电池回收及梯次利用 |

（续）

| 发布时间 | 发布部门 | 政策名称 | 相关内容 |
|---|---|---|---|
| 2021年9月 | 工业和信息化部、中国人民银行、中国银行保险监督管理委员会、中国证券监督管理委员会 | 《关于加强产融合作推动工业绿色发展的指导意见》 | 加快发展战略性新兴产业，提升新能源汽车和智能网联汽车关键零部件、汽车芯片、基础材料、软件系统等产业链水平，推动提高产业集中度，加快充电桩、换电站、加氢站等基础设施建设运营，推动新能源汽车动力电池回收利用体系建设 |
| 2021年10月 | 国务院 | 《2030年前碳达峰行动方案》 | 推进退役动力电池、光伏组件、风电机组叶片等新兴产业废物循环利用 |
| 2021年12月 | 生态环境部、国家发展和改革委员会、工业和信息化部等部门 | 《"十四五"时期"无废城市"建设工作方案》 | 支持金属冶炼、造纸、汽车制造等龙头企业与再生资源回收加工企业合作，建设一体化废钢铁、废有色金属、废纸等绿色分拣加工配送中心和废旧动力电池回收中心 |
| 2022年1月 | 工业和信息化部、国家发展和改革委员会、科学技术部等部门 | 《加快推动工业资源综合利用实施方案》 | 完善废旧动力电池回收利用体系。完善管理制度，强化新能源汽车动力电池全生命周期溯源管理。推动产业链上下游合作共建回收渠道，构建跨区域回收利用体系。推进废旧动力电池在备电、充换电等领域安全梯次应用。在京津冀、长三角、粤港澳大湾区等重点区域建设一批梯次和再生利用示范工程。培育一批梯次和再生利用骨干企业，加大动力电池无损检测、自动化拆解、有价金属高效提取等技术的研发推广力度 |

（续）

| 发布时间 | 发布部门 | 政策名称 | 相关内容 |
|---|---|---|---|
| 2022年8月 | 工业和信息化部、国家发展和改革委员会、财政部等部门 | 《信息通信行业绿色低碳发展行动计划（2022—2025年）》 | 鼓励企业利用人工智能、大数据等多种技术手段实施网络设施智能化改造和绿色升级。重点针对电池等基础设施产品，有序开展退网，逐步形成科学完备的老旧设备回收、处理及循环利用体系 |
| 2022年11月 | 工业和信息化部办公厅、国家市场监督管理总局办公厅 | 《关于做好锂离子电池产业链供应链协同稳定发展工作的通知》 | 引导上下游企业加强对接交流，推动形成稳定高效的协同发展机制。鼓励锂电（电芯及电池组）生产企业、锂电一阶材料企业、锂电二阶材料企业、锂镍钴等上游资源企业、锂电回收企业、锂电终端应用企业及系统集成、渠道分销、物流运输等企业深度合作，通过签订长单、技术合作等方式建立长效机制，引导上下游稳定预期、明确量价、保障供应、合作共赢 |

## 附录 B　2020—2022 年我国地方重点动力电池回收行业政策

| 地方 | 发布时间 | 政策名称 | 相关内容 |
|---|---|---|---|
| 北京市 | 2021 年 8 月 | 《北京市"十四五"时期高精尖产业发展规划》 | 鼓励再制造和资源综合利用，推动新能源汽车动力蓄电池高效梯次利用 |
| 大津市 | 2021 年 5 月 | 《市工业和信息化局关于印发 2021 年天津市工业节能与综合利用工作要点的通知》 | 推进新能源汽车动力蓄电池回收利用试点建设。落实国家要求，加强对我市新能源汽车动力蓄电池回收利用企业的动态监测分析。联合北京、河北适时更新一批京津冀新能源汽车动力蓄电池回收利用试点项目，加快推动我市试点项目建设 |
| 河北省 | 2021 年 4 月 | 《河北省人民政府关于建立健全绿色低碳循环发展经济体系的实施意见》 | 以汽车产品为重点落实生产者责任延伸制度。鼓励再生资源回收龙头企业建立信息平台，推行"互联网＋回收"模式，推广智能回收终端，培育新型商业模式 |
| 内蒙古自治区 | 2022 年 11 月 | 《内蒙古自治区碳达峰实施方案》 | 健全资源循环利用体系。完善废旧物资回收网络，大力推广"互联网＋"资源回收利用模式。建立以城带乡的再生资源回收体系。打造一批再生资源产业集聚试点。加大新兴产业废弃物回收力度。大力发展报废汽车、废旧电子电器等资源再利用产业。推动再制造产业高质量发展，建立再制造产品质量保障体系。加强资源再生产品和再制造产品推广应用。深化生产者责任延伸制度建设 |

（续）

| 地方 | 发布时间 | 政策名称 | 相关内容 |
|------|---------|---------|---------|
| 山西省 | 2021年4月 | 《山西省"十四五"新技术规划》 | 加快动力电池全生命周期价值评估、梯级利用与回收利用等技术 |
| 吉林省 | 2021年3月 | 《吉林省工业和信息化厅关于开展新能源汽车动力电池回收利用监测工作的通知》 | 加强对本地区从事新能源动力电池回收和利用企业的宣传，指导企业按《新能源汽车废旧动力蓄电池综合利用行业规范条件》要求，规范开展动力电池回收利用，对回收利用的电池编码、数量、重量、类型、来源等信息进行记登，并填写《动力电池回收动态监测月报表》按时上报 |
| 上海市 | 2021年2月 | 《上海市加快新能源汽车产业发展实施计划（2021—2025年)》 | 统筹自主创新与开放合作，统筹推广应用与设施配套，统筹生产发展与回收利用，统筹政府支持与企业投入 |
| 上海市 | 2021年6月 | 《上海市战略性新兴产业和先导产业发展"十四五"规划》 | 发展新能源汽车电池回收、共享出行、智能网联汽车测试、展示交易等多种类型的服务 |
| 江苏省 | 2021年8月 | 《江苏省"十四五"制造业高质量发展规划》 | 支持开展动力电池梯次利用，加强来源可控、去向可溯的全生命周期管理，建成安全规范高效运行的回收利用体系 |
| 浙江省 | 2021年3月 | 《浙江省新材料产业发展"十四五"规划》 | 发挥我省在锂电池负极材料，动力锂电池等方面的产业基础和优势，依托宁波、衢州、湖州等地产业基础，打造三元前驱体等原材料——正极材料、负极材料、电池隔膜、电解液——动力锂电池制造——废电池回收产业链 |

（续）

| 地方 | 发布时间 | 政策名称 | 相关内容 |
|---|---|---|---|
| 浙江省 | 2022年12月 | 《浙江省完善能源绿色低碳转型体制机制和政策措施的实施意见（公开征求意见稿）》 | 因地制宜开展混合型（中小型）抽水蓄能电站建设，探索推进常规水电梯级融合改造，探索核蓄一体化建设运营模式。探索电化学、压缩空气、电热冷综合等各类新型储能发展。鼓励"储能+"在电源侧、电网侧和用户侧应用，推动新型储能电站数字化建设，积极推动新型储能项目试点示范 |
| 安徽省 | 2021年6月 | 《安徽省新能源汽车产业发展行动计划（2021—2023年）》 | 建立完善新能源汽车动力电池回收、梯次利用和固废处理体系，规范新能源汽车回收拆解和回收利用行为，推进符合再制造条件的零部件再制造再利用，提升新能源汽车全生命周期价值 |
| 安徽省 | 2022年12月 | 《安徽省碳达峰实施方案》 | 构建废旧物资循环利用体系。推广"互联网+回收"模式，引导回收企业线上线下融合发展。支持符合条件的城市开展废旧物资循环利用体系重点城市建设。实施废钢铁、废塑料、新能源汽车废旧动力蓄电池等再生资源综合利用行业规范管理。加强资源再生产品和再制造产品推广应用 |

（续）

| 地方 | 发布时间 | 政策名称 | 相关内容 |
|---|---|---|---|
| 安徽省合肥市 | 2022年11月 | 《合肥市"十四五"新能源汽车产业发展规划》 | 锚定建设"新能源汽车之都"目标，打好补链延链强链组合拳，做强做精产业链，聚焦整车、智能网联系统、关键零部件、电池回收利用等环节精准发力，构建具有全球竞争力的产业发展体系。重点发展纯电动乘用车，培育发展新能源客车、卡车和专用车。加快现有基地建设，加速传统车企转型升级，加大优质龙头企业引进。瞄准产业链、创新链短板，联合龙头企业、高校、科研院所、社会资本等协同攻关新能源多元化技术路线关键技术。重点发展电池、电机、电控等核心零部件 |
| 福建省 | 2021年10月 | 《福建省"十四五"战略性新兴产业发展专项规划》 | 突破锂电池循环再制造技术，完善回收处理工艺流程，形成退役动力电池回收服务、电池组拆包、模块测试筛选、电池再组装利用、镍钴锰锂等材料回收再利用的全链条产业体系 |
| 江西省 | 2021年11月 | 《江西省"十四五"工业绿色发展规划》 | 推动工业固废源头减量，加强工业固废综合利用和再生资源高值化利用，深入推进国家工业资源综合利用基地建设，加快建设再生资源回收利用体系。加强再制造产品示范和推广，持续推进新能源汽车动力蓄电池回收利用体系建设。持续促进水资源高效循环化利用 |

（续）

| 地方 | 发布时间 | 政策名称 | 相关内容 |
|---|---|---|---|
| 山东省 | 2021年9月 | 《山东省工业和信息化领域循环经济"十四五"发展规划》 | 加强废旧动力电池再生利用和梯次利用成套化先进技术与装备的研发，完善动力电池回收利用标准体系，培育废旧动力电池综合利用企业，促进废旧动力电池梯次利用和再生利用产业发展 |
| 河南省 | 2021年4月 | 《河南省工业和信息化厅办公室关于组织开展再生资源综合利用行业规范企业申报的通知》 | 为建立健全绿色低碳循环发展经济体系，提高再生资源综合利用效率，推动生态文明建设，促进废钢铁、废塑料、废旧轮胎、新能源汽车废旧动力蓄电池综合利用行业高质量发展 |
| 湖北省 | 2021年1月 | 《省人民政府办公厅关于印发支持中国（湖北）自由贸易试验区深化改革创新若干措施的通知》 | 鼓励自贸试验区内企业参与中国电动汽车行业标准及氢能源汽车行业标准的制定工作。支持襄阳纳入国家动力电池梯次利用试点城市，融合大数据产业发展建设国家动力电池梯次利用大数据中心 |
| 湖南省 | 2020年12月 | 《湖南省先进储能材料及动力电池产业链三年行动计划（2021—2023年）》 | 依托骨干企业、高校和科研院所，围绕前驱体及原料、锂离子电池材料、镍氢电池材料、氢能源电池材料、石墨烯电池材料、电解液、隔膜、动力与储能电池、电动汽车动力系统、废旧电池及储能材料的资源化和循环利用等方面布局新建一批高水平的工程（技术）研究中心、工程（重点）实验室、企业技术中心 |
| 广东省 | 2020年9月 | 《广东省发展汽车战略性支柱产业集群行动计划（2021—2025年）》 | 建立完善废旧汽车拆解及汽车动力电池回收利用、废旧电池回收处置和固废处理体系，推动汽车绿色回收、零部件再制造、退役电池回收和梯次利用 |

（续）

| 地方 | 发布时间 | 政策名称 | 相关内容 |
|------|---------|---------|---------|
| 广西壮族自治区 | 2020年2月 | 《广西新型动力电池产业协同创新发展实施方案》 | 在研究中后期，基于所建立的动态模型，综合考虑制动稳定性、制动效能、驾驶员感觉、蓄电池充电接受能力以及制动安全性等限制条件，制定能量制动回收策略 |
| 海南省 | 2021年11月 | 《海南省新能源汽车换电模式应用试点实施方案》 | 鼓励新能源换电车企、换电运营商、电池资产公司、第三方回收利用企业在我省自建、共建废旧动力电池梯次利用项目，探索梯次利用商业模式 |
| 重庆市 | 2021年7月 | 《重庆市制造业高质量发展"十四五"规划》 | 完善动力电池回收、梯级利用和再资源化的循环利用体系，促进动力电池全价值链发展 |
| 贵州省 | 2021年7月 | 《关于推进锂电池材料产业高质量发展的指导意见》 | 探索建立回收利用管理机制和综合利用体系，推动信息化项目建设。强化溯源管理，明确各方责任和监管措施，为锂电池循环梯次综合利用产业发展提供保障 |
| 贵州省 | 2022年11月 | 《贵州省促进绿色消费实施方案》 | 促进废旧物资循环利用。将废旧物资回收设施、报废机动车回收拆解经营场地等纳入相关规划。加强废弃电器电子产品、报废机动车、报废船舶、废铅蓄电池等拆解利用企业规范管理和环境监管，依法查处违法违规行为。加快贵州资源循环再利用静脉产业园建设，提高拆解回收利用能力，到2025年，全省年汽车拆解能力达30万辆以上，年家电拆解能力达400万台以上。积极指导有条件的城市开展"无废城市"建设，贵阳市、毕节市要发挥"国家废旧物资循环利用体系建设重点城市"示范效应，到2025年，建成基本完善的废旧物资循环利用体系 |

（续）

| 地方 | 发布时间 | 政策名称 | 相关内容 |
|---|---|---|---|
| 贵州省 | 2022年11月 | 《贵州省碳达峰实施方案》 | 培育发展低碳型新兴产业。积极发展新能源汽车、节能环保等低碳型新兴产业。着力突破能源高效利用、资源回收循环利用等关键核心技术，重点发展锂电池回收、汽车拆解等循环产业，积极发展节能环保专用设备。到2025年新能源汽车产业总产值达800亿元，到2030年提高到2000亿元 |
| 云南省昆明市 | 2022年11月 | 《昆明市"十四五"工业高质量发展规划》 | 发挥昆明市资源优势和区位优势，围绕电芯、电池制造，发展"资源—材料—电芯—电池—应用—梯次综合利用"全生命周期产业链，实现全市电池产业"全链条、矩阵式、集群化"发展 |
| 陕西省 | 2021年9月 | 《加快建立健全绿色低碳循环发展经济体系若干措施》 | 加快落实生产者责任延伸制度，强化新能源汽车动力蓄电池溯源管理，积极推进废旧动力电池循环利用项目建设 |
| 宁夏回族自治区 | 2021年3月 | 《自治区工业和信息化厅关于开展新能源汽车动力电池溯源管理和回收利用监测工作的通知》 | 建立生产企业台账，建立回收利用企业台账，加强回收信息采集，完善信息报送机制 |